# りんごのお菓子

若山曜子

天然生活の本

## はじめに

子どものときに風邪で寝ている私の横で、
祖母がくるくるとていねいに皮をむいて切ってくれたこと。
母がお弁当の脇にいつもちょこんと入れてくれたうさぎ。
りんご、と聞いて頭に浮かぶのは、そんな何気ない日常の思い出。
りんごはいつも身近にあるくだもの、という存在でした。

りんごの魅力にとりつかれたのは、フランスで、タルトタタンを食べてから。
たっぷりの砂糖でじっくりキャラメリゼしたりんごが、
こんもりとのった背高のっぽのタタン。くたくたに火をとおしたあとも
砂糖とバターに負けないすばらしい酸味を残し、本当においしかった。
甘さのほとんどないクレーム・シャンティを添えて、
ショコラ・ショー（ホットチョコレート）といただく「ザ 甘党！」な午後は
当時学生だった私にとって、ものすごく贅沢で幸せなひとときでした。

りんごのおいしさに目覚めた私は、それ以来、パン屋さんでも
ショッソン・オ・ポム（りんごパイ）、タルトもりんごを頼むようになるほど、
りんごが好きになりました。

生で食べてもおいしいけれど、加熱、加工をするとまた
まったく別の味わいをみせるのが、りんごのもつ魅力だと思います。
焼きたてのアップルパイ、じっくり火をとおした焼きりんご、りんごのジャムにりんごバター。
ひと手間かけることで、おいしく変わっていくのはとても楽しいものです。

ところで、私の一番好きなりんごのデザートであるタルトタタン Tarte tatin。
最初につくったタタン姉妹が名前の由来といわれていますが、
辻静雄さんの対談集で辻邦生さんの奥様が Tarte t'attend（タルトがあなたを待っているよ）
という意味だと思っていたという話を読んだことがあります。甘いキャラメルをまとい、
食べてもらうのをじっと待っているりんご。なんだか微笑ましく思えてしまいます。

皮をむいて、切って、加熱して……。
それぞれの過程で表情を変えていくりんごのお菓子づくりは、
いつも身近にいる友人ととりとめのないおしゃべりをしているような、
そんな温かい気持ちにさせてくれます。

若山曜子

# Contents

## Chapter 1
### りんごの
### つくりおきスイーツ

## Prologue
### りんごがあれば、朝からおいしい

この本のきまり

・本書で使用するりんご（紅玉）1個の重量は200g前後を基準にしています。

・プロローグ（P.8〜）で紹介するレシピはふじや王林など甘味の強いりんご、
　チャプター1（P.16）以降のお菓子は加熱調理に向く紅玉やジョナゴールドでつくっています。

・大さじ1は15㎖、小さじ1は5㎖、1カップは200㎖です。小さじ、大さじで粉類を量るときは、すりきりにしてください。

・本書ではガスオーブンでの加熱温度、焼き時間を表記しています。ご家庭のオーブンによって焼き時間に多少差が出るため、
　レシピの時間を目安に加減をしてください。オーブンはあらかじめ設定温度に温めておきます。

・卵はMサイズのものを使用しています。

・とくにことわりがない限り砂糖はグラニュー糖、バターは食塩不使用のもの、生クリームは乳脂肪分35%のものを使います。

・電子レンジは600Wのものを使用しています。

本書は2016年10月に地球丸より刊行された『りんごのお菓子』を、一部加筆・修正したものです。

# りんごのおはなし

本書でおもに使用するりんごは、加熱調理に向く「紅玉」や「ジョナゴールド」です。
プロローグ(P.8〜15)のレシピのみ、生食用の「ふじ」や「王林」など酸味の弱いりんごを使いました。
それぞれのりんごの特徴を知って、レシピに合わせて選んでください。

黄色〜黄緑色の果皮が特徴の青りんご。歯ごたえのあるかための果肉と強い甘味が特徴です。「ふじ」「つがる」についで生産量が多く、購入しやすい品種。

## 王林

蜜が入りやすく、シャキシャキとした果肉が人気の品種。甘味と香りのバランスもよく、アメリカや中国でも生産される世界的にもポピュラーなりんごです。

## ふじ

## ジョナゴールド

ゴールデンデリシャスと紅玉の交配種。紅玉ゆずりの肉質で、生食のほか加熱調理にも適しています。酸味は紅玉よりは弱く、逆に甘味が少し強めです。

## 紅玉

果実は小ぶり(約200g)で、酸味や果肉の質が加熱調理に向いています。締まりのある果肉は煮込んでも煮くずれしにくく、製菓用のりんごとして欠かせません。

# 材料のおはなし

りんごのお菓子の風味やコクをより深くしてくれたり、
香りづけにおすすめの洋酒、甘味料、スパイスをご紹介します。洋酒は製菓材料コーナーや酒屋、
スパイス類はスパイスコーナーで入手できます。カルバドスはインターネットの通販が探しやすいでしょう。

## 洋酒 左から ラム酒・ブランデー・カルバドス

ラム酒、ブランデーともに褐色のもののほか「ホワイトラム」「ホワイトブランデー」もあります。褐色のもののほうがコクがあります。カルバドスはりんごからつくられるブランデー。りんごのお菓子との相性は抜群です。

## 甘味料 左からメープルシロップ・ はちみつ・ブラウンシュガー

お菓子にコクを出しながら、ナチュラルでやさしい甘さに仕上げてくれます。ブラウンシュガーはきび砂糖でも代用できますが、原材料名の表記が「粗糖」「糖蜜」となっているものを選んでください。おすすめは「ラ・ペルーシュ カソナード」。

## スパイス 左からしょうが・ シナモンパウダー・カルダモン

本書ではしょうがは生のものを使用しています。シナモンはりんごとの相性がいいので欠かせません。カルダモンはホールのまま、あるいはパウダーを香りづけに使うと、いっきにエキゾチックな風味になります。

# Prologue

# りんごがあれば、朝からおいしい

少し遅く起きた朝は、ブランチも兼ねたりんごのメニューでのんびりスタート。

オープンサンドやマリネサラダ、軽めのローストにして、

みずみずしいりんごが主役の食べ方を楽しみます。

サッと切ってあえるだけ、焼くだけだから、10分もあればすぐに完成。

選ぶならふじや王林など、糖度の高いりんごや蜜入りりんごがおすすめです。

## りんごとハムとチェダーチーズの
## オープンサンド

好みのパンにロースハムとスライスりんご、チェダーチーズをのせ、
チーズがとろりと溶けるまでオーブントースターで焼く。

のせて焼くだけとごく簡単なのに、甘じょっぱさが絶妙なオープンサンド。
りんごのスライスを浮かべた紅茶とよく合います。

## アップルティー

りんごは輪切りにして種を除き、湯とともに鍋に入れて煮立たせる。
紅茶葉を加えて好みの濃さに煮出し、りんごとともにカップに注ぐ。
あればりんごジャム（P.22）やりんごのジュレ（P.24）を適量を入れても。

## りんごとカッテージチーズのサラダ

1㎝角に切ったりんごにカッテージチーズと
生クリームをあわせたものをかけ、ブルーベリージャムをのせる。
◎目安量（1人分）はりんご¼個に対してカッテージチーズと生クリーム各大さじ2。

味わいの異なる角切りりんごのサラダ2種。

ひとつはカッテージチーズであえたさわやかなサラダ、

もうひとつはメープルシロップをからめたほの甘いフルーツのマリネです。

## りんごとアボカドとバナナの<br>メープルマリネ

りんごとアボカドは 1.5cm角、バナナは 1.5cm幅の半月切りにし、
メープルシロップとプレーンヨーグルト、レモン汁少々であえる。
◎目安量（2〜3人分）はりんご½個に対してアボカド½個、バナナ1本、
　メープルシロップ大さじ2、ヨーグルト 100㎖。

# りんごのハニーオートミール

ひと口サイズに切ったりんごとはちみつをあえ、
鍋に入れてりんごが透き通るまで弱火で3分ほど煮る。
豆乳とオートミールを加え、とろみがつくまで火をとおす。
好みでシナモンをふる。
◎目安量（1人分）はりんご¼個に対してはちみつ大さじ1、
　豆乳1カップ、オートミール大さじ2〜3。

豆乳とはちみつでつくるヘルシーなオートミールと、
トースターであっという間にできるりんごのロースト。
軽く火をとおした温かいりんごのレシピは、寒い季節にぴったりです。

## スライスりんごのロースト

輪切りにしたりんごの上にバターを塗り、
グラニュー糖をふって好みでマシュマロをのせ、
オーブントースターでさっと焼く。

## *Chapter 1*

# りんごの
# つくりおきスイーツ

ここで紹介するりんごのつくりおきは、そのままでおいしくいただけて、

Chapter 2、3のレシピにも展開できる基本のレシピ。

クリームとバター、ジャムはトーストに塗ったり

ビスケットにのせたりと出番が多く、

ジュレとコンポートは、りんごの色や形を思いきり楽しめる

美しいつくりおきです。

~~~~~

# キャラメルりんごクリーム

ほろ苦いキャラメルと甘酸っぱいりんごの風味が渾然としたリッチなクリーム。
砂糖をしっかり、しょうゆ色にこがすのが、おいしそうな色に仕上げるコツ。

◆ 材料〔つくりやすい分量：約270g〕

りんご（紅玉）___ 1½個（正味約250g）
砂糖（キャラメル用）___ 40g
砂糖（ソテー用）___ 30〜40g
バター ___ 小さじ1
生クリーム ___ 100㎖

煙が出てこげそうなとき
は、一度火を止めてから
りんごを加え、りんごの
水分が出たら再び火をつ
ける

◆ つくり方

1. りんごは皮と芯を除いて1㎝角に切る。

2. フライパンまたは鍋に砂糖40gと水小さじ½（分量外）を入れ、
   しょうゆ色になるまで中火で加熱する。
   砂糖の色が変わるまではかき混ぜないで、
   じっとがまんすること（ⓐ）。

3. 薄く煙が立ち、鍋中の泡が大きくふくらんできたら、
   1とバターを加えてソテーする。りんごがしんなりとしたら
   砂糖30〜40gと生クリームを加え、たえず中火でかき混ぜ
   ながらふつふつとした状態のまま加熱する。

4. 色が濃くなり、りんごにつやが出てキャラメルがねっとりと
   からみつくようになったらでき上がり。
   熱いうちに煮沸消毒をした保存容器に入れる。

日持ち
冷蔵保存で約3週間、開封後約1週間。
使うときは必要量を取り出して常温にもどしてから使う。

食べ方
パンケーキにのせたり（右ページ）、トーストに塗ったり。

使用例
キャラメルりんごのマフィン（P.32）
りんごのキャラメルケイク（P.34）
ノルマンディー風りんごのタルト（P.76）
キャラメルりんごのNYチーズケーキ（P.82）

*Omake* .......................................................................................................................

# パンケーキ

◆ 材料〔2人分〕

A ［ プレーンヨーグルト ___ 150g
　　卵 ___ 1個
　　牛乳 ___ 80㎖
　　溶かしバター ___ 大さじ1 ］

B ［ 薄力粉 ___ 150g
　　グラニュー糖 ___ 大さじ2
　　ベーキングパウダー ___ 3g（約小さじ½）
　　重曹 ___ 2g（小さじ½弱） ］

◆ つくり方

1. ボウルにAを入れ、卵の白身を切るようによく混ぜる。
   別のボウルにBを入れ、泡立て器でよく混ぜる。

2. BのボウルにAを少しずつ加え、
   なめらかになるまで泡立て器で混ぜる。

3. フライパンにサラダ油小さじ1（分量外）を入れ、
   キッチンペーパーで薄くのばしてから中火で熱する。
   一度火からおろし、濡れぶきんにのせて落ち着かせる。

4. 再度中火で熱して生地を流し入れ、2分ほどして
   表面がふつふつとしてきたら、裏返してさらに1分焼く。

# アップルバター

海外では "アップルバター" というと乳製品を使わずにつくるりんごのピュレですが、
ここではりんごのさわやかな酸味をバターと合わせて、なめらかでコクのある口当たりに。

◆ 材料 〔つくりやすい分量：約300g〕
りんご（紅玉）___ 2個（正味約320g）
砂糖 ___ りんごの重量の40％
バター ___ 50g

◆ つくり方

1. りんごは皮と芯を除いて1㎝角に切り、
   鍋に入れて砂糖をまぶしてざっと混ぜ、10分ほどおく。

2. 弱火で煮る。りんごが透き通って水けがなくなったら
   火からおろす。ミキサーで攪拌し、バターを加えて
   余熱で溶かしてから、さらに軽く攪拌する。
   煮沸消毒をした保存容器に入れる。

日持ち
冷蔵保存で約3週間、開封後約1週間。

食べ方
トーストに塗ったり（右ページ）、パンケーキにのせたり。

使用例
アップルバターマフィン（P.32）
ジンジャーブレッド（P.35）
タルト・オ・ポム（P.80）

*Omake* ....................................................................................................................................

## スパイス入りアップルバター

上記アップルバターの砂糖を半量に減らしてりんごにまぶし、
加熱して火がとおったら攪拌し、さらにバター、メープルシロップ大さじ3、
シナモンパウダーやクローブなど好みのスパイスを、合わせて小さじ½くらい
加えて攪拌する。煮沸消毒した保存容器に入れる。

日持ち
冷蔵保存で約1ヵ月、開封後約2週間。

メープルとスパイスの相性が抜
群な香りのいいりんごバター

Chapter 1 ● りんごのつくりおきスイーツ

# りんごジャム

りんごの皮は全部むかず、
あえてむき残すことできれいなピンク色に。

◆ 材料〔つくりやすい分量：約250g〕
りんご (紅玉) ___ 2個 (正味約300g)
砂糖 ___ りんごの重量の40%

◆ つくり方
1. りんごは皮をところどころ残してむき、
   芯を除いていちょう切りにする。
   鍋に入れて砂糖をまぶし20分ほどおく。
2. 弱火で煮て、りんごにつやが出て透き通り、
   水分がとろりとしたらでき上がり。
   熱いうちに煮沸消毒をした保存容器に入れる。

日持ち
常温で約3カ月、開封後冷蔵保存で約3週間。
食べ方
ビスケットにのせたり (右ページ)、
トーストやパンケーキに塗ったり。
使用例
簡単りんごジャムパイ (P.64)
白玉入りホットアップルパイ (P.66)

# りんごと干しあんずのジャム

干しあんずと煮るミックスジャムは、
こっくりとしたフルーティな甘さ。

◆ 材料〔つくりやすい分量：約250g〕
りんご ___ 2個 (正味約300g)
砂糖 ___ りんごの重量の40%
水 ___ 100㎖
干しあんず ___ りんごの重量の15%

◆ つくり方
1. りんごは皮と芯を除いていちょう切りにする。
   鍋に入れて砂糖をまぶし15分ほどおく。
2. ドライあんずはさっと湯通しして細かく切る。
3. 2と水を1の鍋に入れて中火で煮る。りんごが
   透き通り、あんずがほどよくとけたらでき上がり。
   熱いうちに煮沸消毒をした保存容器に入れる。
   ◎干しあんずと煮ることで、酸味の効いたジャムに
   仕上がります。味がぼけてしまったりんごでもOK。

日持ち
常温で約3カ月、開封後冷蔵保存で約3週間。
食べ方
甘さの少ないサブレやビスケットにのせたり (右ページ)、
トーストに塗ったり。

*Omake* .............................................................................................

# りんごのチャツネ

1. りんご1個は皮と芯を除いて5㎜角に切り、
   ブラウンシュガー大さじ2〜3とともに鍋に入れて15〜20分おく。
2. 干しいちじく1〜2個とレーズン大さじ1〜2はさっと湯通しし、
   いちじくはレーズンと同じ大きさに切る。
3. 1に2としょうがのすりおろし大さじ½、水50㎖を加え、
   途中なくなったら水を足しながら中火で煮る。
4. りんごが透き通りレーズンがふっくらとしたらでき上がり。
   好みでカルダモンパウダーまたはシナモンパウダー適量をふり
   味をととのえ、熱いうちに煮沸消毒をした保存容器に入れる。

日持ち
常温で約1カ月、開封後冷蔵保存で約3週間。

ぜひつくってほしい、わた
しのお気に入りレシピ。カ
レーの隠し味として使うほ
か、クラッカーにのせたり
チーズに合わせたり

# りんごのジュレ

まるでピンクに輝く宝石みたい。スプーンですくって食べれば、
ふるふるの食感と優雅な甘さが口いっぱいに広がります。

◆ 材料〔つくりやすい分量：約250g〕
りんご（紅玉）＿＿ 2個
レモン汁 ＿＿ 1個分
砂糖 ＿＿ つくり方3を参照

◆ つくり方
1. りんごは皮と芯がついたまま8等分にして、鍋に入れる。
   ひたひたに水を注ぎ、1時間ほど弱火で煮る。
2. ボウルにキッチンペーパーを敷いたざるをセットし、
   1を注ぎ、そのままおいて煮汁をこす（a）。
   こし残った煮りんごはジャムにする（下記参照）。
3. 2の煮汁の重さを量って鍋に入れ、煮汁の重量の50％の砂糖と
   レモン汁を加えて中火にかける。煮立ったら火を弱め、
   1/3量くらいになるまで煮詰めて熱いうちに煮沸消毒をした容器に入れる。

日持ち
常温で約3カ月、開封後冷蔵保存で約1カ月。

食べ方
炭酸水で割ったり（右ページ上）、ヨーグルトにのせたり（右ページ下）。
ほかにスコーンやムースに添えても。

ざるに押しつけたり絞ったりすると煮汁がにごるので、ドリップするようにゆっくりこす

Omake ..................................................................................................................

## 煮りんごジャム

ざるに残ったりんごは重さを量り、
重量の30〜40％の砂糖を加えて火にかける。
ふつふつと煮えて砂糖がとけたら、軽く煮詰めて
熱いうちに煮沸消毒をした保存容器に入れる。

日持ち
常温で約2カ月、開封後冷蔵保存で約1カ月。

ジュレをつくるときに残る煮りんごも、あますことなくおいしいジャムに

## フレーバー香るりんごのジュレ

ジャスミン茶や紅茶フレーバーのジュレをつくるときは、
つくり方1で水の代わりに好みに煮出した
ジャスミン茶や紅茶を使って煮る。
バラの花びらを使う場合は、でき上がりを
保存びんに詰めるときに適量を一緒に入れる。

日持ち
常温で約3カ月、開封後冷蔵保存で約1カ月。

おすすめのフレーバーはジャスミン茶や紅茶、バラの花びら

# りんごのワインコンポート2種

白ワイン、赤ワインでつくる大人味の2種類のコンポート。
ごろっと大きめにつくることで、生のりんごのような新鮮な食感が残ります。

◆ 材料〔つくりやすい分量〕

りんご(紅玉) ___ 2個(正味約300g)
白ワインまたは赤ワイン ___ 100㎖
◎白ワインコンポートは白、
　赤ワインコンポートは赤ワインを使用します。
水 ___ 200㎖
砂糖 ___ 100g
レモン汁 ___ ½個分

◆ つくり方

1. りんごは皮と芯を除き、白ワインコンポートは4等分、
　赤ワインコンポートは2等分にする。
　◎色づけのため、白ワインコンポート用に皮はとっておく
　　(赤ワインコンポートでは使用しない)。
2. 鍋にワイン、水、砂糖、レモン汁を入れて火にかける。
　◎白ワインコンポートでは、ここで皮を一緒に入れる。
3. 沸騰したらりんごを入れ、落としぶたをして弱火で15分ほど煮る。
4. 中心を残してりんごが透き通ったら火を止め、余熱で火をとおす。
　粗熱がとれたら汁ごと煮沸消毒した保存容器に移し、
　冷蔵庫にひと晩おく。

日持ち
冷蔵保存で約1カ月。
食べ方
白ワインコンポートには、六分立てにした生クリーム適量に、
生クリーム半量分の水きりヨーグルトを合わせたものを添えて(右ページ上)。
赤ワインコンポートにはシナモンスティックを挿し、
バニラアイスクリームを添えてグラノーラをトッピング(右ページ下)。
好みの果物とあえればマチェドニア(P.28)、
凍らせればグラニテ(P.29)として楽しめます。
使用例
りんごコンポートのレアチーズケーキ(P.84)

## 白ワインコンポートのマチェドニア

りんごのコンポートにぶどう、グレープフルーツ、きんかんやレモンなど
好みの果物と、ローズマリーや八角などを保存容器に入れ、
ひと晩冷蔵庫においてからいただきます。

## 赤ワインコンポートのグラニテ

りんごのコンポートをジッパー付きの保存袋に入れて凍らせ、
フォークなどで粗くくだいて盛りつけます。
りんごのペクチンで、なめらかな舌触り。

~~~~~

## Chapter 2

# りんごの
# 簡単お菓子

マフィンやバターケーキなどワンボウルでできる焼き菓子、
贈り物にも喜ばれるブラウニー＆キャラメル、人気のタルトフランベ……。
思いたったらすぐにつくれる簡単お菓子で、
りんごのやさしい風味を楽しみましょう。
ナッツやスパイスといった、
りんごと相性のいい素材づかいもポイントです。

~~~~~

アップルバター
マフィン

ブルーチーズの
りんごマフィン

キャラメルりんごの
マフィン

りんごの
オートミールマフィン

# アップルバターマフィン★

生地に混ぜ込んだアップルバターでふんわりしっとり。

◆ 材料〔直径7㎝のマフィン型4個分〕

アップルバター (P.20) ___ 60g

粉類 ┃ 薄力粉 ___ 120g
　　┃ ベーキングパウダー ___ 小さじ⅔

バター ___ 50g

砂糖 ___ 40g

卵 ___ 1個

A ┃ プレーンヨーグルト ___ 50g
　┃ シナモンパウダー (好みで) ___ 適量

◆ 下準備

・バターと卵は室温にもどす。
・型にグラシンカップやオーブンシートを敷く。
・オーブンを180℃に予熱する。

◆ つくり方

1. ボウルにバターと砂糖を入れて泡立て器ですり混ぜ、溶き卵を2回に分けて加え、そのつどよく混ぜる。

2. 粉類は半量を1にふるい入れ、泡立て器でざっと混ぜたらアップルバターの半量とAを加えて混ぜる。残りの粉類をふるい入れて混ぜる。

3. 2を型の半分まで入れる。残りのアップルバター、生地の残りを重ね、180℃のオーブンで20分焼く。

# りんごのオートミールマフィン

皮つきりんごの赤がところどころのぞきます。

◆ 材料〔直径7㎝のマフィン型6個分〕

A ┃ りんご (紅玉) ___ ¾個
　┃ プレーンヨーグルト ___ 50g

粉類 ┃ 薄力粉 ___ 110g
　　┃ ベーキングパウダー ___ 小さじ⅔

バター ___ 50g

ブラウンシュガー ___ 70g

卵 ___ 1個

オートミール ___ 大さじ3

◆ 下準備

・りんごは芯をとり、皮つきで1.5㎝角に切り、ブラウンシュガー大さじ½とシナモンパウダー少々 (ともに分量外) であえる。
・ほかは★のマフィンの下準備に同じ。

◆ つくり方

1. ★のつくり方1に同じ(砂糖をブラウンシュガーに替える)。

2. 粉類は半量を1にふるい入れ、泡立て器で混ぜたらAを加え、さらに残りの粉類をふるい入れて混ぜる。

3. 2を型の8分目まで入れてオートミールを散らし、180℃のオーブンで18〜20分焼く。

# ブルーチーズのりんごマフィン

ブルーチーズとの組み合わせが最高においしいマフィン。

◆ 材料〔直径7㎝のマフィン型6個分〕

りんご (紅玉) ___ 1½個

粉類 ┃ 薄力粉 ___ 110g
　　┃ ベーキングパウダー ___ 小さじ⅔

バター ___ 50g

ブラウンシュガー ___ 70g

卵 ___ 1個

プレーンヨーグルト ___ 50g

A ┃ ブルーチーズ(粗くほぐす) ___ 50g
　┃ くるみ(から炒りして粗くきざむ) ___ 大さじ2
　┃ クランブル生地(P.48の1〜3参照、好みで) ___ 適量

◆ 下準備

・りんごは皮と芯を除いて6等分し、2本ずつ縦に切り目を入れる。
・ほかは★のマフィンの下準備に同じ。

◆ つくり方

1. ★のつくり方1に同じ (砂糖をブラウンシュガーに替える)。

2. 粉類は半量を1にふるい入れ、泡立て器で混ぜたらヨーグルトを加え、さらに残りの粉類をふるい入れて混ぜる。

3. 2を型の8分目まで入れてりんごをのせ、Aを散らす。180℃のオーブンで20分焼く。

# キャラメルりんごのマフィン

パイシートをトッピングして楽しい見た目に。

◆ 材料〔直径7㎝のマフィン型4個分〕

A ┃ キャラメルりんごクリーム (P.18) ___ 80g
　┃ プレーンヨーグルト ___ 大さじ3

粉類 ┃ 薄力粉 ___ 100g
　　┃ ベーキングパウダー ___ 小さじ⅔

バター ___ 50g

砂糖 ___ 30g

卵 ___ 1個

冷凍パイシート (好みで、トッピング用) ___ 10×2㎝

◆ 下準備

・パイシートは解凍して5×1㎝の短冊に4本切り、砂糖少々 (分量外) をふる。
・ほかは★のマフィンの下準備に同じ。

◆ つくり方

1. ★のつくり方1に同じ。

2. 粉類は半量を1にふるい入れ、泡立て器で混ぜたらAを加え、さらに残りの粉類をふるい入れて混ぜる。

3. 2を型の8分目まで入れてパイシートをのせ、180℃のオーブンで18〜20分焼く。

# りんごのキャラメルケイク

しっとりとラム酒を利かせたレーズンを贅沢に使った大人味のケーキ。
こがしたキャラメルりんごのクリームが風味を引き立てます。

◆ 材料 〔18×7×6.5cmのパウンド型1台分〕
**キャラメルりんごクリーム** (P.18) ___ 100g
粉類 ┃ 薄力粉 ___ 130g
　　┃ ベーキングパウダー ___ 小さじ1
バター ___ 80g
ブラウンシュガー ___ 70g
卵 ___ 2個
レーズン ___ 30g
ラム酒 ___ 大さじ1

◆ 下準備
・バターと卵、キャラメルりんごクリームは
　室温にもどす。
・レーズンは湯通しして水けをきり、
　小さめのボウルに入れてラム酒をふり
　ラムレーズンをつくる。
・型にオーブンシートを敷く。
・オーブンを180℃に予熱する。

◆ つくり方
1. ボウルにバターとブラウンシュガーを入れてすり混ぜ、
　 クリーム状になったら溶き卵を少しずつ入れ、
　 しっかり泡立て器で混ぜる。
2. 粉類を合わせて半量を1にふるい入れ、
　 粉けが少し残るくらいまで泡立て器でざっと混ぜたら、
　 りんごクリームとラムレーズンを加えて軽く混ぜる。
　 残りの粉類をふるい入れ、ゴムべらでさっくりと混ぜる。
3. 型に入れて表面をゴムべらで平らにならし、
　 180℃のオーブンで40分ほど焼く。表面に裂け目ができ、
　 中の生地が乾燥していれば焼き上がり。

# ジンジャーブレッド

りんごとしょうがは香りと風味を引き立て合うおすすめの素材。
かすかにピリリとスパイシーなしょうがの味わいを、りんごの甘さがやさしく包みます。

◆ 材料〔18×7×6.5cmのパウンド型1台分〕

アップルバター (P.20) ___ 100g

粉類 ┃ 薄力粉 ___ 150g
┃ ベーキングパウダー ___ 小さじ½
┃ ベーキングソーダ（重曹）___ 小さじ¼

きび砂糖 ___ 50g

卵 ___ 1個

しょうがのすりおろし ___ 小さじ1

植物油 ___ 大さじ5

◆ 下準備

・卵は室温にもどす。
・型にオーブンシートを敷く。
・オーブンを180℃に予熱する。

◆ つくり方

1. ボウルに粉類を合わせてふるい入れ、泡立て器でざっと混ぜる。
   溶いた卵と残りの材料を加えてさらに混ぜる。

2. 型に入れて表面をゴムべらで平らにならし、
   180℃のオーブンで40分ほど焼く。表面に裂け目ができ、
   中の生地が乾燥していれば焼き上がり。

*Memo*

アップルバターの代わりに、皮と芯を除いて1.5cm角に切った
りんご80gと牛乳大さじ1を入れて焼くとフレッシュな味わいに。
りんごのチャツネ (P.22) 50gを入れて焼き上げる、
大人っぽいチャツネケーキもおすすめ（しょうがのすりおろしは入れない）。

# アイリッシュソーダブレッド

しっとりふんわりとした生地の中から、りんごとチーズ、くるみが次々に現れる
具だくさんなクイックブレッド。小さく丸めて焼いてもかわいい。

◆ 材料〔つくりやすい分量〕

りんご（紅玉）＿＿ ½個

粉類 ┃ 薄力粉 ＿＿ 250g
　　 ┃ ベーキングパウダー ＿＿ 小さじ1
　　 ┃ ベーキングソーダ（重曹）＿＿ 小さじ½

砂糖 ＿＿ 大さじ1

レーズン ＿＿ 大さじ4

プレーンヨーグルト ＿＿ 200g

くるみ ＿＿ 50g

クリームチーズ ＿＿ 50g

オリーブオイル ＿＿ 大さじ1

◆ 下準備

・りんごは皮と芯を除いて5mm角に切る。
・くるみはから炒りして粗くきざむ。
・クリームチーズは手でちぎる。
・天板にオーブンシートを敷く。
・オーブンを180℃に予熱する。

◆ つくり方

1. ボウルに粉類を合わせてふるい入れ、
　 砂糖も加え、泡立て器でざっと混ぜる。
　 残りの材料を入れ、手でひとまとめにする。

2. 手に薄力粉をつけながら丸く形を整え、天板にのせる。

3. 包丁で真ん中に十字に切り目を入れ、
　 180℃のオーブンで30分ほど焼く。

# りんごとさつまいものケイクサレ

ベーコンの塩けとチーズのコクが後をひく、おかずケイク。
ワインと合わせたり朝食にいただいたり、おやつ以外の出番も多そうなひと品です。

◆ 材料 〔18×7×6.5cmのパウンド型1台分〕

りんご (紅玉) ___ 100g

焼きいも ___ 50g

粉類 │ 薄力粉 ___ 100g
     │ ベーキングパウダー ___ 小さじ1

ベーコン ___ 30g

A │ 卵 ___ 1個
  │ 粉チーズ ___ 40g
  │ 牛乳 ___ 50㎖
  │ 植物油 ___ 50㎖
  │ 塩 ___ 2g
  │ こしょう・ナツメグパウダー ___ 各少々

メープルシロップ ___ 少々

◆ 下準備

・りんごは芯を除いて 1.5cm角、ベーコンは 1cm幅に切る。
　焼きいもは 1.5cm角に切る。

・ボウルに卵を割り入れ、残りのAと合わせる。

・型にオーブンシートを敷く。

・オーブンを 180℃に予熱する。

◆ つくり方

1. りんご全量とベーコン半量をフライパンでソテーして、
   メープルシロップをからめる。

2. ボウルに粉類を合わせてふるい入れ、
   合わせたAを少しずつ加えて泡立て器でざっくりと混ぜ、
   りんごと焼きいもを加えてさらに混ぜる。
   ◎かき混ぜすぎると粘りが出てしまうので注意。

3. 型に入れて表面をゴムべらで平らにならし、
   残りのベーコンをのせてメープルシロップをかける。
   180℃のオーブンで40分ほど焼く。
   表面に裂け目ができ、中の生地が乾燥していれば焼き上がり。
   ◎途中、様子を見て、ベーコンがこげそうならホイルをかぶせて焼く。

# サワークリームケーキ

サワークリームとりんごの酸味がとびきりさわやかな、しっとり食感のケーキ。
ひとつのボウルで思いたったらすぐできる、わたしの定番のりんごケーキです。

◆ 材料〔直径18cmの丸型1台分〕

りんご（紅玉）＿＿ 1½個

粉類｜ 薄力粉 ＿＿ 130g
｜ ベーキングパウダー ＿＿ 小さじ1

バター ＿＿ 80g

砂糖 ＿＿ 120g

卵 ＿＿ 2個

サワークリーム ＿＿ 90g

ブラウンシュガー ＿＿ 大さじ2

シナモンパウダー ＿＿ 少々

◆ 下準備

・バターと卵は室温にもどす。
・りんごは皮と芯を除いて¾個分は1cm角に切り（生地用）、
　残りは6個のくし形に切る（飾り用）。別々の
　ボウルに入れ、それぞれブラウンシュガー大さじ1と
　シナモン少々と合わせる。
・型にオーブンシートを敷く。
・オーブンを180℃に予熱する。

◆ つくり方

1. ボウルにバターと砂糖を入れて泡立て器ですり混ぜ、
   溶き卵を2回に分けて加え、そのつどよく混ぜる。

2. 粉類は合わせて半量を1にふるい入れ、
   泡立て器でざっと混ぜたらサワークリームを加えて軽く混ぜる。
   残りの粉類をふるい入れてゴムべらでさっくりと混ぜ、
   最後に生地用のりんごを加え混ぜる。

3. 型に入れ、飾り用のりんごをのせて180℃のオーブンで
   40〜45分焼く。竹串を刺して生地がつかなければ焼き上がり。

# メープルケーキ

メープルシロップの甘さが口いっぱいに広がる子どもも大好きなケーキ。
表面を覆い尽くすように、カットしたりんご1個をたっぷりと散らしました。

◆ 材料〔18×18×4cmの角型1台分〕

りんご（紅玉）___ 1個

粉類
| 薄力粉 ___ 150g
| ベーキングソーダ（重曹）___ 小さじ½

バター ___ 100g

メープルシロップ ___ 50mℓ

ブラウンシュガー（生地用）___ 60g

ブラウンシュガー（下味用）___ 大さじ1

卵 ___ 1個

サワークリーム ___ 90g

カルダモン（ホールをきざむ）___ 少々

アイシング
| 粉糖 ___ 大さじ2
| メープルシロップ ___ 小さじ1

◆ つくり方

1. りんごは皮と芯を除いてひと口大に切り、
   下味用のブラウンシュガー大さじ1をまぶす。

2. バターとメープルシロップを小鍋で温めてバターを溶かし、
   粗熱をとる。
   ◎レンジで温める場合は沸騰させないよう注意。

3. ボウルにブラウンシュガー60gと卵を入れて
   泡立て器でよく混ぜ、2とサワークリームを混ぜ合わせる。
   粉類を合わせてふるい入れてさっくりと混ぜる。

4. 型に入れてりんごとカルダモンを散らし、
   180℃のオーブンで15分焼く。

5. アイシングをつくる。粉糖とメープルシロップを
   なめらかになるまで混ぜる。

6. 4の粗熱がとれたら、スプーンで5のアイシングをかける。

◆ 下準備

・型にオーブンシートを敷く。
・オーブンを180℃に予熱する。

# りんごのブラウニー

しっとりとしたチョコレート生地に、甘酸っぱいりんごソテーとくるみをたっぷりトッピング。
ラッピングをすれば、素敵な贈り物に。

◆ 材料〔18×18×4cmの角型1台分〕

りんご（紅玉） ___ 1個

粉類 | 薄力粉 ___ 100g
│ ベーキングパウダー ___ 小さじ½

砂糖（ソテー用） ___ 大さじ1

砂糖（生地用） ___ 80g

バター（ソテー用） ___ 大さじ1

バター（生地用） ___ 100g

ブランデー（またはカルバドス） ___ 大さじ1

チョコレート（カカオ分60％以上のもの）
___ 100g

卵 ___ 2個

くるみ（またはピーカンナッツ）
___ 大さじ2〜3

◆ 下準備

・りんごは皮と芯を除き1cm角に切る。
・チョコレートはきざむ。
・くるみはから炒りして粗くきざむ。
・型にオーブンシートを敷く。
・オーブンを170℃に予熱する。

◆ つくり方（プロセス写真はP.42〜43参照）

1. フライパンに砂糖大さじ1を入れて中火にかけ、
   キャラメル色になったらバター大さじ1を加える（a）。
   りんごを加えてソテーし（b）、全体に色づいてしんなりとしたら、
   ブランデーを加えて軽く混ぜ、火を止める。

2. チョコレートとバター100gをボウルに入れて湯せんにかけ、
   混ぜ合わせる（c）。

3. 別のボウルに卵を割り入れ、砂糖80gを加えて
   白っぽくなるまで泡立て器で混ぜ（d）、
   2を加えてまんべんなく混ぜる（e）。

4. 粉類を合わせてふるい入れ（f）、
   泡立て器でさっくりと混ぜ合わせる。

5. 型に流し入れ（g）、上にくるみと1を散らして（h）、
   170℃のオーブンで15分焼く。

真っ赤なワックスペーパー
に、りんご形に切り抜いたク
ラフトペーパーを重ねて包め
ば、こんなにキュートに

# りんごのキャラメル

まるでタルトタタンのように濃厚で甘ずっぱいソフトキャラメル。
キャラメルのかたさは火のとおし加減で変わるので、氷水でかたさをしっかりチェックしましょう。

◆ **材料**〔15×12×2.5cmのバット1台分〕

りんご (紅玉) ＿＿ ½個

バター ＿＿ 小さじ½

砂糖 ＿＿ 75g

生クリーム ＿＿ 100mℓ

◆ **下準備**

・りんごは皮と芯を除いて5mm角に切る。
・バットにオーブンシートを敷く。

◆ **つくり方**

1. フライパンにバターを熱してりんごをソテーする。
   しんなりしてきたら砂糖を入れ、あまりかき混ぜずに
   強火でしばらく火をとおす。

2. 砂糖が溶けて全体に薄く色づいてきたらざっと混ぜ (*a*)、
   その後は混ぜずに2～3分、強火で加熱する (*b*)。

3. 全体が濃いキャラメル色になったら生クリームを入れ (*c*)、
   かき混ぜながら中火で4分ほど火をとおす。

4. ふつふつと大きく泡立ってきて (*d*)、
   粘りが出て泡が重たくなったら (*e*) 火を止めてかたさを確認する。
   ◎氷水を張ったボウルにキャラメルを落としたときに、
     くんにゃりと固まるくらいがちょうどいいかたさ (*f*)。
     水に溶けてしまう (*g*) ようならもう少し火をとおして煮詰める。

5. バットに4を注ぎ、冷蔵庫で冷やし固める (*h*)。
   固まったら、お湯で温めたナイフで食べやすく切る。

# りんごのフィナンシェ アールグレイ風味

焼きたてはふんわり、2～3日たつとしっとりとした食感でいただけます。
日持ちのする焼き菓子の定番は、贈り物にもぴったり。

◆ 材料〔フィナンシェ型9個分〕

りんご（紅玉）___ ½個

粉類 ┌ 薄力粉 ___ 40g
　　├ 粉糖 ___ 60g
　　└ アーモンドパウダー ___ 40g

卵白 ___ 90g（約3個分）
◎卵白に分けてから3～4日冷蔵保存したもの（*a*）

バター ___ 80g

アールグレイ紅茶のティーバッグ
　　___ 1½袋

メープルシロップ ___ 大さじ1

◆ 下準備

・りんごは皮と芯を除いて7mm角に切る。
・粉類は合わせてふるう。
・型に溶かしバター（分量外）を塗る。
・オーブンを200℃に予熱する。

◆ つくり方

1. ティーバッグ1袋に120mℓの熱湯を
   そそぎ、紅茶100mℓをとる。

2. 小鍋に紅茶の抽出液を入れ、メープルシロップと
   りんごを加えて、りんごが透き通るまで弱火で煮る。
   とり出したりんごは水けをきる。

3. 別の小鍋にバターを熱し、少し色づいて
   香りがするくらいになったら火を止めて茶こしでこす。

4. ボウルに入れた粉類に卵白を入れ、
   泡立て器でしっかり混ぜてから 3 と紅茶の茶葉を加え、
   ゴムべらに持ち替えてさっくりと混ぜる。

5. 型に入れて 2 の煮りんごをのせ、200℃に予熱したオーブンを
   160℃に下げて 15 分焼く。

割りたての卵白を使うと
食感が悪くなるので、3
～4日冷蔵して粘度が落
ち、サラサラになったも
のを用意する

フィナンシェ型がない場合
は、丸い型（マフィン型など）
に薄く流して焼いても

# りんごのクランブル

ホロホロとした食感が楽しいクランブル生地は、りんごと一緒に焼き込むと
絶妙のハーモニーを奏でてくれる便利なアイテム。冷凍保存もOKです。

◆ 材料〔14×9×2 ㎝の耐熱容器4台分〕

りんご（紅玉） ___ 2個

クランブル生地

| 薄力粉 ___ 110g
| きび砂糖 ___ 60g
| バター ___ 60g

メープルシロップ ___ 大さじ 2 ½
ブラウンシュガー ___ 大さじ 1
ピーカンナッツ ___ 適量

◆ 下準備
・クランブル生地のバターは 1 ～ 2 ㎝角に切り、
　冷蔵庫で冷やしておく。
・オーブンを 180℃に予熱する。

◆ つくり方

1. クランブル生地をつくる。ボウルに薄力粉、きび砂糖、
　バターを入れ、カード（なければナイフやフォークなど）で
　バターをきざみながら混ぜる。

2. バターが 5 ㎜大くらいになったら、両手ですり合わせるようにして
　さらに混ぜ、バターと粉をよくなじませてポロポロにする。

3. 好みの粗さのそぼろ状になるよう、ところどころ生地を
　指先でつまんでかたまりをつくり（*a*）、冷凍庫に入れておく。
　◎サイズに大小をつけると食感のアクセントになる（*b*）。

4. りんごは皮と芯を除いてくし形に切り、
　ブラウシュガーとメープルシロップであえる。

5. 耐熱容器にりんごを並べ、**3** とピーカンナッツをのせる。

6. 180℃のオーブンで 20～30 分、
　クランブルがこんがりと色づくまで焼く。

*Memo*
クランブル生地は **3** の状態で保存袋に入れて冷凍すれば、
約2週間保存可能。使うときは解凍せずにそのまま焼き上げます。

# りんごとラズベリーのコブラー

ふわふわのスコーン風生地の下には、色鮮やかで甘酸っぱいソースがたっぷり。
生地をくずし、ソースをからめながらいただきます。

◆ 材料〔23×17×4cmの耐熱容器1台分〕

A りんご (紅玉) ___ 1個
　ラズベリー (冷凍) ___ 70g
　メープルシロップ ___ 大さじ2
　砂糖 ___ 大さじ2
　コーンスターチ ___ 小さじ1

コブラー生地
　薄力粉 ___ 100g
　ベーキングパウダー ___ 小さじ1
　砂糖 ___ 小さじ2
　バター ___ 40g
　生クリーム ___ 100mℓ

砂糖 ___ 適量

◆ 下準備

・コブラー生地のバターは1cm角に切り、
　冷蔵庫で冷やしておく。
・りんごは皮と芯を除いて1cm角に切り、
　Aの材料であえる。
・オーブンを180℃に予熱する。

◆ つくり方

1. コブラー生地をつくる。
　ボウルに薄力粉とベーキングパウダー、砂糖小さじ2を入れて
　泡立て器でざっと混ぜ、バターを加えて
　カード (なければナイフやフォークなど) できざみながら混ぜる。
　そぼろ状になったら生クリームを加え、ゴムべらでざっと混ぜて
　打ち粉 (分量外) をしながらひとまとめにする。

2. 1の生地を大きめに広げたラップにのせ、
　約20×15cmサイズになるようラップで包む。
　上からめん棒で1.5cm厚さにのばし、ラップをはずして
　ふちに薄力粉 (分量外) をつけたセルクルで丸く抜く (a)。
　◎生地がべたつくようなら、ラップで包んで冷蔵庫で少し冷やしてから
　　型抜きをするとやりやすい。
　◎ここでは、直径6cmのセルクルで生地を5個型抜き。グラスなどでも代用可。

3. Aを耐熱容器に入れて2のコブラーをのせ、砂糖をふって
　180℃のオーブンで20分焼く。

# りんごのバゲットフランベ

タルトフランベは、ピッツァによく似たフランス・アルザス地方の郷土料理。
ここではバゲットにりんごをのせ、簡単アレンジ。ブランチにも、ワインのおつまみにも。

## ◆ 材料〔つくりやすい分量〕

りんご（紅玉） ___ ½個

A｜サワークリーム ___ 90g
　｜卵黄 ___ 1個分
　｜はちみつ ___ 小さじ1
　｜砂糖 ___ 小さじ2

バゲット ___ ½本
砂糖 ___ 大さじ1～2
シナモンパウダー ___ 適宜

## ◆ 下準備

・Aの材料を混ぜ合わせる。
・りんごは縦半分に切って芯を除き、
　薄い半月切りにする。
・オーブンを200℃に予熱する。

## ◆ つくり方

1. バゲットを縦半分に切る。
2. 1に混ぜ合わせたAを塗り、薄切りにしたりんごを並べる（*a*）。
3. 砂糖と好みでシナモンパウダーをふり、
　　200℃のオーブンで10分、りんごがしんなりするまで焼く。
　　好みでシナモンパウダーをふる。
　　◎オーブントースターで7～8分焼いても。

## *Memo*

バゲットなどハード系のパンのほか、
食パンを使えば子どもも食べやすいオープンサンドに。

# 小さなバラのりんごパン

食パンを使って手軽に華やかにつくれるりんごパン。
箱に詰めてホームパーティーの手土産にすれば、歓声があがることうけあいです。

◆ 材料〔つくりやすい分量〕

りんご（紅玉）___ 1個

砂糖 ___ りんごの重量の20％

レモン汁 ___ 小さじ1

食パン（サンドイッチ用）

　　___ 3〜4枚

バター ___ 適量

◆ 下準備

・りんごは皮つきのまま縦に4等分して
　芯を除き、ごく薄い半月切りにする。
・オーブンを180〜190℃に予熱する。

◆ つくり方

1. 薄切りにしたりんごを耐熱容器に入れ、砂糖とレモン汁をかけて
   やさしくあえる。ラップをして電子レンジで30秒ほど加熱し、
   バットに広げてりんごに密着するようラップで覆い、そのまま冷ます。
   冷めたらりんごの水けをキッチンペーパーなどでしっかりとる。

2. 食パンはめん棒で約3mm厚さにのばし、6等分（約1.5cm幅）に切る（a）。
   パンの両面に溶かしバターを塗り、ひも状になるよう2枚を横に並べる。
   はしを少し重ねて指で軽く押し、圧着する。
   ◎食パンは約11×9cmサイズにのばすと
   　下写真（a）のようにカットできる。

3. 1のりんごを2のパンの上に少しずつ重なるように並べ（b,c）、
   はしからくるくると巻く（d）。巻き終わりは指でしっかりつまんでとめ、
   倒れないよう足元をアルミホイルで軽く包む（e）。
   ◎バラの形を意識しながら、"足元"から気持ち扇状に広がるように巻く。

4. 砂糖適量（分量外）をふり、180〜190℃のオーブンで10分焼く。
   ◎様子を見て、途中、こげそうならアルミホイルで覆う。

*a*　*b*　*c*　*d*　*e*

~~~~~

# *Chapter 3*

## りんごの
## 定番お菓子

〝りんごのお菓子〟といって真っ先に思い浮かぶお菓子は何ですか？
アップルパイにタルトタタン、りんごのタルトに焼きりんご……。
週末や休日の時間にゆとりのあるときに、
定番のりんごのお菓子をぜひつくってみてください。
一度成功すれば自信がついて、
りんご好きの大切な人にきっとプレゼントしたくなるはずです。

~~~~~

# りんごのクランブルパイ

フレッシュりんごを2個使い、ほろほろのクランブルをたっぷりとのせて焼き上げました。
できたてあつあつが断然おいしい。

◆ 材料〔直径18cmのパイ皿1台分〕

りんご(紅玉) ___ 2個

A 薄力粉 ___ 大さじ2
砂糖 ___ 40g
シナモンパウダー ___ 小さじ½

クランブル生地
薄力粉 ___ 25g
ブラウンシュガー ___ 25g
バター ___ 25g

パイ生地(溶かしバターのパイ生地：P.88) ___ 200g

ピーカンナッツ ___ 大さじ2

◆ 下準備

・クランブル生地のバターは1〜2cm角に切り、
冷蔵庫で冷やしておく。
・りんごは皮と芯を除いて2cm角に切り、
Aをまぶす。
・オーブンを200℃に予熱する。

◆ つくり方

1. クランブル生地をつくる。ボウルに薄力粉、ブラウンシュガー、
バターを入れ、カード(なければナイフやフォークなど)で
バターをきざみながら混ぜる。

2. バターが5mm大くらいになったら、
両手ですり合わせるようにしてさらに混ぜ、
バターと粉をよくなじませてポロポロにする。

3. 好みの粗さのそぼろ状になるよう、
ところどころ生地を指先でつまんでかたまりをつくる。
◎サイズに大小をつけると食感のアクセントになる。

4. パイ生地をパイ皿より1cmほど大きくめん棒でのばし、
パイ皿に敷いて指で押して密着させる。
パイ皿からはみ出た生地は、キッチンばさみで切り落として
フォークで底に穴をあける。
生地のふちは指でつまんで飾りをつける(a)。
◎切り落とした生地でクラッカーを焼いても。

5. 4にりんごを盛り、3のクランブルをのせる。
200℃のオーブンで15分焼き、
一度取り出してピーカンナッツを散らし、
170℃に温度を下げてさらに25〜30分焼く。

*Memo*
クランブル生地は3の状態で保存袋に入れて冷凍すれば、
約2週間保存可能。使うときは解凍せずにそのまま焼き上げます。

a

# フレッシュりんごとドライフルーツのパイ

サクサクとした仕上がりが特徴の練り込みパイ生地でつくるアメリカンタイプのパイ。
せん切りりんごの食感と甘酸っぱいベリー、コクのあるアーモンドの風味が混ざり合って絶妙な味わい。

◆ 材料〔直径18cmのパイ皿1台分〕

りんご (紅玉) ___ 2個

A │ アーモンドパウダー ___ 大さじ2
　│ ブラウンシュガー ___ 大さじ3

ドライフルーツ ___ 大さじ4
◎ここではドライクランベリー大さじ2＋
　レーズン大さじ2を使用。

卵黄 ___ 小さめ1個分

パイ生地 (練り込みパイ生地：P.90) ___ 350g

◆ 下準備

・ドライフルーツがオイルコーティング
　されている場合はさっと湯通しして水けをきる。
・オーブンを200℃に予熱する。

◆ つくり方

1. パイ生地は2等分し、それぞれパイ皿より1cmほど大きく
   めん棒でのばす。

2. 1枚はパイ皿に敷き、生地を指で押してパイ皿に密着させ、
   フォークで底に穴をあけてラップをする。
   残り1枚もラップで包み、ともに冷凍庫で休ませる。

3. りんごは皮と芯を除いてせん切りにし、
   Aをまぶしてドライフルーツとあえる。

4. 冷凍庫から取り出したパイ皿に3を盛り、もう1枚のパイ生地を
   上からかぶせる (a)。上下の生地を指で軽くつまんで圧着し、
   キッチンばさみで切りそろえる (b)。
   生地のふちをつまみ上げながら、
   ねじるように親指で内側に押しつけて飾りをつける (c)。

5. 表面に卵黄を水少々で溶いたものを塗って、
   ナイフで空気穴を数カ所あける。200℃のオーブンで15分焼き、
   170℃に温度を下げてさらに40〜45分焼く。

# ラティストップアップルパイ

〝りんごのお菓子〟といえばアップルパイ。パイ生地を編み目に重ねた「ラティストップ」は、
美しい見た目に、食べる前から心がときめきます。

◆ 材料〔直径18cmのパイ皿1台分〕

りんご（紅玉）___ 3個
砂糖 ___ 100g
バニラビーンズ ___ 1cm
A ┌ パン粉 ___ 大さじ2
　└ コーンスターチ ___ 小さじ½
卵黄 ___ 1個分
パイ生地（折り込みパイ生地：P.92）
　　___ 300g

◆ 下準備

・りんごは皮と芯を除いて1.5cm角に切り、
　砂糖少々（分量外）をふる。
・Aを混ぜ合わせる。
・オーブンを200℃に予熱する。

◆ つくり方

1. 鍋に砂糖の⅓を入れて中火にかけ、途中ふちがキャラメル色になってきたら
　ざっと混ぜながら加熱する。きれいなキャラメル色に変わったら
　りんごとバニラビーンズを加え、大きく混ぜて全体がなじんだら
　残りの砂糖を加える。りんごがキャラメル色になって少し透き通るまで、
　10分ほど煮詰め、バットにあけて粗熱をとる。

2. パイ生地200g分をパイ皿より1cmほど大きくめん棒でのばし、
　パイ皿に敷いて指で押して密着させる。パイ皿からはみ出た生地は、
　キッチンばさみで切り落としてフォークで底に穴をあける。
　混ぜ合わせたAを底に散らし、冷凍庫（または冷蔵庫）で冷やす。

3. 残りのパイ生地をめん棒で約21cm四方にのばし、
　約1.5cm幅のリボン状に14本ほど切り分ける（a）。

4. 冷凍庫から取り出したパイ皿に1を盛り、3の半量を等間隔で横に並べる（b）。
　並べたリボン状の生地を1本おきにまんなかまでめくりあげ、
　縦に1本生地を置く（c）。めくった生地をもとに戻し（d）、
　先ほどめくらなかった生地を1本おきにめくりあげる（e）。
　めくったところに2本めの生地を縦に並べ、1本目と同様にめくった生地を
　もとに戻す（f）。同じようにして、編み目をつくりながら縦の生地も並べる（g）。

5. 上下の生地を指で軽くつまんで圧着し、
　キッチンばさみで切りそろえる（h）。生地のふちをつまみ上げながら、
　内側に巻き込むようにして飾りをつける（i）。

6. 表面に卵黄を水少々で溶いたものを塗って（j）、
　200℃のオーブンで20分焼き、170℃に温度を下げてさらに40分焼く。

# 簡単りんごジャムパイ

冷凍パイシートとりんごジャムを使えば、あつあつのおやつパイがすぐに完成。
フィリングは、P.18 のキャラメルりんごクリームや好みのジャムでも。

◆ 材料〔4個分〕
りんごジャム (P.22) ＿＿ 大さじ4
ミルクチョコレート ＿＿ 4片
卵黄 ＿＿ 1個分
冷凍パイシート (20×20cm) ＿＿ 1枚
A │ 砂糖 ＿＿ 大さじ3
　 │ 水 ＿＿ 50㎖

◆ 下準備
・Aを小鍋に入れて火にかけ、
　砂糖が溶けたら火を止めて冷ます。
・オーブンを180℃に予熱する。

◆ つくり方
1. パイシートはめん棒で軽くのばし、正方形に4等分する。
2. 1にそれぞれりんごジャム大さじ1とチョコレート1個をのせ (*a*)、
   四辺に水をつけて三角形になるよう対角線に折って合わせる。
   ふちを包丁で切り落とし (*b*)、合わせめをフォークで押さえてとめる (*c*)。
   ◎切り落としたパイシートの〝みみ〟は、砂糖をまぶして
   　ジャムパイと一緒にオーブンで焼けば、手軽なスティックパイに。
3. 表面に卵黄を水少々で溶いたものを塗って、
   ナイフで空気穴を数カ所あけ、180℃のオーブンで20分焼く。
   焼き上がったら、熱いうちに表面にはけでAを塗る。

  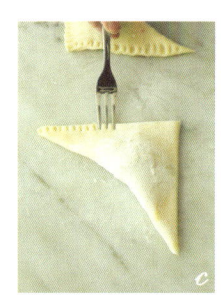

# 白玉入りホットアップルパイ

揚げ焼きにした春巻きの中から、もちもちの白玉とりんごジャムがとろ〜り。
組み合わせの妙で、どこか中華風な雰囲気の楽しいおやつができました。

◆ 材料〔5本分〕

りんごジャム (P.22) ___ 大さじ3〜4
春巻きの皮 ___ 5枚
白玉粉 ___ 大さじ2（＋水 大さじ1）
水溶き片栗粉 ___ 適量
植物油 ___ 適量
シナモンパウダー ___ 少々

◆ つくり方

1. 白玉粉は水で溶き、持ち上げたときに
   リボン状にたらたらと落ちる程度のゆるさにする (*a*)。
   ◎生地がかたいようなら、様子を見ながら少しずつ水を足して調整する。

2. 春巻きの皮を広げ、手前側に1を小さじ2弱と
   りんごジャム小さじ2をのせる (*b*)。
   手前からくるくるとスティック状に巻いて包み、
   巻き終わりを水溶き片栗粉でとめる (*c*)。
   スティックの両端はキャンディ包みの要領で軽くねじる。

3. フライパンに植物油を2cm程度入れて熱し、
   2をこんがりとしたきつね色に揚げ焼きする。
   焼きたてにシナモンパウダーを軽くふる。

 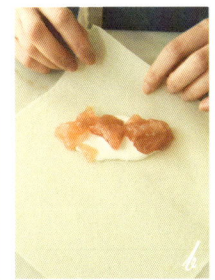 

# タルトタタン

1台に使うりんごはたっぷり4個。濃厚なキャラメル風味のりんごと、
バターの風味がリッチなパイ生地とが一体となって、口の中でやさしくとろけます。

## ◆ 材料
〔直径16cmのオーブン調理が可能な小鍋
　またはフライパン1台分〕

りんご（紅玉）___ 4個

砂糖 ___ 100g

バター ___ 大さじ1

パイ生地（折り込みパイ生地：P.92）
　___ 120g

## ◆ 下準備
・りんごは皮と芯を除いて6つ割りにする。
　りんごが大きければ8つ割りにする。
・約27×7cmの帯状に切ったオーブンシートを
　2枚用意する。
・オーブンを200℃に予熱する。

### *Memo*
ホイップクリームは生クリーム100mℓと砂糖
小さじ1を泡立ててつくります。

## ◆ つくり方

1. 鍋に砂糖を入れて中火〜強火にかけ、しばらく混ぜないでおく。
   全体が薄いキャラメル色になったら火を弱めてざっと混ぜ（*a*）、
   キャラメル色が濃くなって細かい泡が立ったら、火を止めて
   りんごを入れてからめる（*b*）。再び中火にかけ、
   全体が濃いキャラメル色になったらバターを加え（*c*）、
   りんごがくずれないように気をつけながらときどき混ぜて煮詰める。

2. 小鍋の底に帯状に切ったオーブンシートをクロスさせて敷き（*d*）、
   りんごを放射状に並べる（*e*）。さらに上から、
   りんごを互い違いにすきまなく並べる（*f*）。残りのりんごを
   表面ができるだけ平らになるよう並べ、表面をヘラでぎゅっと
   押してならし（*g*）、ソテーしたりんごのソースをかける（*h*）。
   ◎ここで使用した小鍋は直径16cmの鍋。
   　小さめのフライパンや丸型、ココット型やグラタン皿、セルクルなど、
   　オーブン調理ができて深さが5cm程度あれば型は何でもOK。
   ◎小鍋の底にオーブンシートを敷くのは、鍋肌にくっついた生地を、
   　シートを引き上げることではがれやすくするため（*d* 参照）。

3. パイ生地を小鍋の直径よりも3cmほど大きくのばして**2**にかぶせ、
   はみ出た生地を小鍋の内側に折り込んで箸で穴をあける（*i*）。
   200℃のオーブンで15分焼き、170℃に温度を下げてパイが
   きつね色になるまで30分ほど焼く。焼き上がったらそのまま
   粗熱をとり、まな板や皿などをあててひっくり返して取り出す（*j*）。
   ◎中身が落ちてこないときは、鍋底に敷いたオーブンシートを持ち上げ、
   　生地を鍋肌から離してから返すか、小鍋を火にかけて温めると落ちやすくなる。

4. 食べやすく切り、好みでホイップリクームを添える。

# アップルダンプリング

りんごを丸ごとパイ生地で包んで焼き上げた、りんごの形をしたアップルパイ。
ぎゅうぎゅうに詰め込んで焼いた砂糖と、生地のバターで中はしっとり、外はサクサク。

◆ 材料〔2個分〕

りんご(紅玉) ___ 小さめ2個
ブラウンシュガー ___ 大さじ3
レーズン ___ 大さじ1
シナモンスティック ___ 1本
パイ生地(練り込みパイ生地:P.90) ___ 230g
卵黄 ___ 1個分

◆ 下準備

・りんごは皮をむく(P.72_a)。
・レーズンは、オイルコートがある場合、
　湯通しして水けをきる。
・シナモンスティックは2等分する。
・オーブンを190℃に予熱する。

◆ つくり方 (プロセス写真は P.72〜73参照)

1. りんごは底を抜かないように気をつけながら、ナイフなどで
　芯の部分を直径2cmくらいの大きさで取り除き(b)、
　そこにブラウンシュガーとレーズンの各半量を詰めて
　指で押し込む(c)。同様にもう1個つくる。

2. パイ生地から飾り用の生地を少量取り分け、2等分にして、
　それぞれ直径20cmくらいにめん棒で丸くのばす。
　飾り用の生地も小さな円形にのばし、ナイフで葉っぱの形2枚を
　切り取って、それぞれの葉にすじをつける(d)。

3. 2の生地のまんなかに1を置いて、りんごの形に添わせて
　包む(e,f,g)。てっぺんにシナモンスティックをさし、
　2の葉っぱを押しつけて圧着する。同様にもう1個つくる。

4. 表面に卵黄を水少々で溶いたものを塗って(h)、
　ナイフで空気穴を数カ所あけ、190℃のオーブンで10分焼き、
　170℃に温度を下げてさらに30分焼く。

あつあつをナイフで切り分けて、アイス
クリームとともにサーブするのもおすす
めの食べ方

# 丸ごと焼きりんご

まあるい形ときれいな赤色の両方を楽しみたいなら、こちらの焼きりんごがおすすめ。
芯をくりぬいたところに、市販のキャラメルを詰めてお手軽につくれます。

◆ 材料〔4人分〕

りんご（紅玉）___ 4個

キャラメル（市販）___ 8粒

A ┌ ラム酒 ___ 小さじ4
　└ 水 ___ 大さじ1

バター ___ 小さじ4

レーズン ___ 少々

◆ 下準備

・オーブンを180℃に予熱する。
・レーズンは、オイルコートが
　ある場合、湯通しして水けをきる。

◆ つくり方

1. キャラメルは細かく切って A と合わせ、レンジで1分加熱する。
2. りんごは底を抜かないように気をつけながら、
   ナイフなどで芯の部分を直径2cmくらいの大きさで取り除き、
   そこに1とバター各小さじ1、レーズン各¼量を詰めて、
   りんごの皮にフォークで数カ所穴をあける。同様に3個つくる。
3. 180℃のオーブンで30分焼く。

*Memo*
好みでアイスクリームを添えても。

# ハーフサイズの焼きりんご クランブルのせ

半割りにしたりんごに、サクサクのクランブルをトッピングしたアレンジ焼きりんご。
クランブルにはオートミールが入ってさらに歯ごたえがアップ。

◆ 材料〔4人分〕

りんご(紅玉) ___ 2個

バター ___ 小さじ2

ブラウンシュガー ___ 小さじ4

くるみ ___ 大さじ1

メープルシロップ ___ 大さじ2

クランブル生地

> オートミール ___ 25g
> 薄力粉 ___ 10g
> バター ___ 20g
> ブラウンシュガー ___ 20g

◆ 下準備

・クランブル生地のバターは1〜2cm角に切る。
　クランブルの材料をボウルに入れ、
　手でよく混ぜてそぼろ状にし、冷凍庫に入れておく。

・りんごは半割りにして芯を除く。

・オーブンを170℃に予熱する。

◆ つくり方

1. りんごは皮に竹串で数カ所、穴をあける。芯を除いたところに、
   バター各小さじ½とブラウンシュガー各小さじ1をのせ、
   クランブル各¼量とくるみ各大さじ¼をトッピングして、
   メープルシロップ各大さじ½をかける。

2. 170℃のオーブンで25分焼く。

*Memo*
クランブル生地は冷凍庫で約2週間保存可能。
使うときは解凍せずにそのまま焼き上げます。

# ノルマンディー風りんごのタルト

フランスのノルマンディー地方で愛されるりんごのタルト。
サクサクのタルト台と、焼きプリンのようなクリーミーな食感の生地が絶妙の相性です。

◆ 材料〔直径18cmのタルト型1台分〕

キャラメルりんごクリーム (P.18) ___ 150g

タルト生地 (つくりやすい分量：約250g)

A ┃ 薄力粉 ___ 90g
　┃ 強力粉 ___ 30g
　┃ 砂糖 ___ 小さじ2
　┃ バター ___ 70g

B ┃ 卵黄 ___ 1個分
　┃ 牛乳 ___ 小さじ1〜2

◎ここでは½量を使用。

クリーム生地

┃ アーモンドパウダー ___ 50g
┃ 牛乳 ___ 100ml
┃ 砂糖 ___ 大さじ1
┃ 卵 ___ 1個
┃ バニラビーンズ ___ ⅙本
┃ カルバドス (あれば) ___ 大さじ1

◎カルバドスはりんごからつくられる
　ブランデー (P.7 参照)。

◆ 下準備

・バターは2cm角程度に切り、
　ふるった粉類 (薄力粉、強力粉)、
　砂糖とともに冷蔵庫で冷やす。
・キャラメルりんごクリームは室温にもどす。
・タルト型の直径よりもふたまわりほど
　大きく切ったオーブンシートを用意する。
・オーブンを180℃で予熱する。

◆ つくり方 (プロセス写真は P.78〜79 参照)

1. ボウルに冷蔵庫で冷やしたタルト生地の材料の A を入れ、
   カードで細かくきざむ (a)。さらに手でバターをつぶし、
   黄色っぽいパン粉状になったら (b)、B を加えて手でまとめ、
   2つに分ける。それぞれをラップで包み (c)、
   30分以上、冷蔵庫で休ませる。
   ◎手でまとめにくいときは、牛乳を足してかたさを調整する。

2. 冷蔵庫から 1 を取り出し、めん棒で
   型よりふたまわりほど大きく生地をのばす (d)。

3. 2 を型に敷き、ふちの内側を指で押さえて密着させる (e)。
   型の周囲からはみ出た生地はめん棒を押しつけて
   切り取り (f)、ふちの内側を指で押さえて、
   型よりも 2mm ほど生地のほうが高くなるように
   整える (g。焼き縮みがあるため)。底にフォークで
   数カ所穴をあけ、さらに 1 時間以上、冷凍庫で休ませる。

4. 冷凍庫から 3 を取り出し、タルト生地の上に
   オーブンシートをのせて重しを入れる (h)。
   天板にのせて 180℃のオーブンで 10 分焼き、重しごと
   オーブンシートをはずしてさらに 5 分焼く。室温で冷ます。
   ◎重しがない場合は、米や豆で代用可。

5. 4 にキャラメルりんごクリームを塗り、混ぜ合わせた
   クリーム生地を流して 180℃のオーブンで20分ほど焼く。

*Memo*

残ったタルト生地は、まとめてラップで包んで冷凍しておくと便利
(約1カ月保存可)。使うときは室温にもどし、
めん棒で薄くのばしてから使います。
りんごのスライスをのせ砂糖をかけて焼いたり、
りんごジャム (P.22) をのせて焼けば簡単おやつに。
ココット型にキャラメルりんごクリームを敷き、
上からクリーム生地をかけて焼けば、
タルト生地不要のクラフティ風のお菓子になります。

断面はタルト生地、キャラメルりんごク
リーム、クリーム生地の3層仕立て

# タルト・オ・ポム

その名もフランス語で〝りんごのタルト〟。フレッシュなスライスりんごを、
サクサクのタルト生地で楽しみます。型がいらないのもうれしいポイント。

◆ 材料〔直径18cmのタルト1台分〕

りんご(紅玉) ___ 1個

アップルバター (P.20) ___ 100g

◎アップルバターは市販のりんごジャムや
　りんごバターでも代用可。

タルト生地 (つくりやすい分量：約250g)

A ┃ 薄力粉 ___ 90g
　┃ 強力粉 ___ 30g
　┃ 砂糖 ___ 小さじ2
　┃ バター ___ 70g

B ┃ 卵黄 ___ 1個分
　┃ 牛乳 ___ 小さじ1〜2

◎ここでは½量を使用。

砂糖 ___ 適量

◆ 下準備

・バターは2cm角に切って、
冷蔵庫に入れて冷やしておく。

・オーブンは180℃に予熱する。

◆ つくり方

1. タルト生地の材料 A をボウルに入れ、
   バターをカードで細かくきざむ。さらに手でバターをつぶし、
   黄色っぽいパン粉状になったら B を加えて手でまとめ2等分し、
   ラップで包んで30分以上冷蔵庫で休ませる。
   ◎手でまとめにくいときは、牛乳を足してかたさを調節する。

2. りんごは皮と芯を除いて3mm厚さの半月切りにする。

3. 冷蔵庫から 1 を1個取り出し、
   めん棒で直径24cmくらいの円形にのばして
   フォークで数カ所、穴をあける（下記 *Memo* 参照）。
   ◎生地をのばすときは、ふちはギザギザとしたラフなままでOK。

4. 3 のふちを約3cm残し、アップルバターを塗り広げる。
   その上にりんごを外側から放射状に並べ(*a*)、全体に砂糖をふる。
   ふちは内側に折り込んでひだをつける(*b*)。
   ◎あらかじめオーブンシートの上に生地を広げて作業をすると、
   　オーブンシートごと天板にのせられるので便利。

5. オーブンシートを敷いた天板に 4 を移し、
   180℃のオーブンで25〜30分焼く。
   ◎焼き上がって時間がたつと、りんごから出た水分で
   　生地がベタッとしてしまうので、当日中に食べるのがおすすめ。
   　食べるときにオーブンで温めなおせば、よりおいしく食べられる。

*Memo*

残ったタルト生地は、まとめてラップで包んで冷凍しておくと便利
（約1カ月保存可）。使うときは冷蔵庫で解凍し、めん棒で薄くのばして使います。
薄くのばしたものを焼いてカットすればシンプルなクッキー、
季節の果物と砂糖をのせて焼けばフルーツタルトに。
りんごジャム (P.22) をのせて食べてもおいしい。

# キャラメルりんごのNYチーズケーキ

ほろ苦いキャラメルりんごが、なめらかなチーズケーキのアクセントに。
ボトム生地はなしで、混ぜ合わせた材料を型に流して焼くだけだから簡単！

◆ 材料〔直径 15cm の底の抜ける丸型 1 台分〕

キャラメルりんごクリーム (P.18) ___ 100g

A ┃ クリームチーズ ___ 200g
　┃ サワークリーム ___ 90g

砂糖 ___ 50g

溶き卵 ___ 1 個分

卵黄 ___ 1 個分

コーンスターチ ___ 大さじ 1

◆ 下準備

・A は室温においてやわらかくする。
・型に湯が入らないよう、
　型の外側をアルミ箔で二重に覆う。
・オーブンを 170℃に予熱する。
◎底が抜けないタイプの丸型や角型を使う場合は、
　型の内側にオーブンシートを二重に敷いて、
　ケーキを取り出せるようにする。

◆ つくり方

1. ボウルに A と砂糖を入れ、泡立て器でなめらかになるまで
　よく混ぜる。溶き卵と卵黄を加えてさらに混ぜ、
　コーンスターチをふるいながら加え混ぜる。
　最後にキャラメルりんごクリームを入れて軽く混ぜ、
　型に生地を流し入れる。

2. バットにペーパータオルを敷いて 1 を置き、
　湯を 2cm 高さ程度に注ぎ入れる (*a*)。
　170℃のオーブンで 30 分、湯せん焼きにし、
　オーブンから取り出して全体をアルミ箔で覆って冷ます。
　冷めたら型に入れたまま冷蔵庫で冷やす。

　◎1 日くらい冷やすと、味がなじんでさらにおいしくなる。
　◎型からはずすときは、ナイフをケーキと型の間に差し込んで
　　ぐるりと 1 周させ、型よりも高さのある缶詰などの上に置いて、
　　外枠をゆっくり下ろしてケーキを取り出す。
　　ケーキは好みのサイズに切り分け、
　　底板とケーキの間にナイフを入れて取り出し、器に盛る。

*a*

# りんごコンポートのレアチーズケーキ

生地だけでなくトッピングにもりんごのコンポートを使っています。
バラの花のように盛りつけたら、とってもロマンチックな雰囲気。

◆ 材料〔直径15cmの底の抜ける丸型1台分〕

りんごの白ワインコンポート (P.26)
　　___ りんご1個分
クリームチーズ ___ 200g
砂糖 ___ 50g
生クリーム ___ 150㎖
プレーンヨーグルト ___ 50g
ゼラチン ___ 5g
白ワイン ___ 大さじ1
ビスケット (市販) ___ 6枚
バター ___ 15g
◎ビスケットは全粒粉タイプ (グラハムビスケットや
　ダイジェスティブビスケットなど) がおすすめ。

◆ 下準備

・クリームチーズは室温においてやわらかくする。
・ゼラチンは白ワインでふやかす。
・りんごの白ワインコンポートは、
　⅓量を1.5cm角に切り、残りは薄切りにする。
・底が抜けないタイプの丸型や角型を使う場合は、
　型の内側にオーブンシートを二重に敷いて、
　ケーキを取り出せるようにする。
・厚手のポリ袋にビスケットを入れ、めん棒でたたいて
　細かく砕く (a)。バターを加えてもみ込み、
　しっとりしたら、型の底に敷き詰めて上から押さえる (b)。

◆ つくり方

1. ボウルにクリームチーズと砂糖を入れ、
　 泡立て器でなめらかになるまですり混ぜる。

2. 生クリームは50㎖分を取り分け、
　 電子レンジに30秒ほどかけて沸騰直前まで温め、
　 白ワインでふやかしたゼラチンと合わせて混ぜ溶かす。

3. 2が温かいうちに、1に加えてしっかりと混ぜる。
　 残りの生クリームとヨーグルトを加え、
　 なめらかになるまで混ぜ合わせる。

4. ビスケットを敷き詰めた型に3の生地の半量を流し入れ、
　 角切りにしたりんごのコンポートを散らし、
　 さらに残りの生地を流し入れる。ラップで覆って
　 冷蔵庫で2時間以上冷やし固める。

5. 温めたぬれ布巾で4の型の周りを覆い、
　 型よりも高さのある缶詰などの上に置いて、
　 外枠をゆっくり下ろしてケーキを取り出す。
　 底板とボトム生地の間にナイフを入れて底板をはずし、
　 器に盛る。残りの薄切りにしたりんごのコンポートを、
　 外側から放射状に並べてバラのように飾る (c)。
　 ◎角切りにしたコンポートを飾れば、盛りつけもより簡単に。

~~~~~

# *Home Made Pie*

## 手づくりがおいしい
## 3種のパイ生地

バターが香るパイ生地は、さわやかな風味のりんごとの相性も抜群。本書では市販の冷凍パイシートのほかに、溶かしバターでスピーディにできる生地、細かく切ったバターを使う練り込み生地、何回か折り込んで層をつくる本格的な生地の3種を使うレシピを紹介しています。どのレシピも好みのパイ生地を使っておいしくつくれますが、とくにおすすめの生地がある場合はレシピに記載しています。ホームメイドのパイ生地のおいしさは格別。冷凍保存もできるので、ぜひ多めにつくってみてください。

~~~~~

### 溶かしバターのパイ生地
→つくり方は P.88 〜

溶かしバターを粉類に混ぜ込んで、めん棒でのばしてつくる一番簡単なホームメイド生地。バターを切り込んだり、生地を折り込んだりする手間は不要。思いたったらすぐにつくれます。

### 練り込みパイ生地
→つくり方は P.90 〜

アメリカンスタイルのパイ生地。冷やした角切りバターを粉類に混ぜ込んだら、ひとまとめにして冷蔵庫で休ませ、使うときにめん棒でのばします。折り込む必要はありません。

### 折り込みパイ生地
→つくり方は P.92

バターを混ぜ込んだ生地を何回か折り込むため、3種の生地の中では一番手間がかかります。ただ、でき上がった層が織りなす食感とバターの風味は、やみつきになるおいしさです。

*01* 溶かしバターの
パイ生地

*02* 練り込み
パイ生地

*03* 折り込み
パイ生地

・ザクザクと歯ごたえがある
・生地はあまりふくらまない
・材料を混ぜてまとめるだけで
　簡単に手早くつくれる
・溶かしバターを使うので
　夏場でもつくりやすい
・初級者向け

［おすすめのお菓子は］
・りんごのクランブルパイ (P.58)

・サクほろっとした軽い食感
・生地は少しふくらむ
・バターを切り混ぜてまとめたら
　生地を休ませるだけ
・中級者向け

［おすすめのお菓子は］
・フレッシュりんごと
　ドライフルーツのパイ (P.60)
・アップルダンプリング (P.70)

・サクサクとした食感と
　バターの風味が本格的
・生地はふくらんで
　何層にもなる
・角切りバターを混ぜた生地を
　3回、折り込んでつくる
・上級者向け

［おすすめのお菓子は］
・ラティストップアップルパイ (P.62)
・タルトタタン (P.68)

# 01

## 溶かしバターのパイ生地

◆ 材料〔でき上がり約200g分〕

粉類 ┤ 薄力粉 ___ 60g
強力粉 ___ 60g

塩 ___ 小さじ¼

砂糖 ___ 小さじ1

ベーキングパウダー ___ 小さじ¼

バター ___ 50g

冷水 ___ 20mℓ

◆ つくり方

1. 下準備をする。バターは耐熱ボウルに入れて湯せんにかけるか、
   ラップをかけずに電子レンジで1分ほど加熱して溶かしバターにする。

2. ボウルに粉類を合わせてふるい入れ、
   塩、砂糖、ベーキングパウダーを加えて箸でざっと混ぜ、
   粗熱をとった溶かしバターを加える。

3. 大きなかたまりができるまで手でざっくりと混ぜ合わせる。

4. さらにそぼろ状になるまで手で混ぜ、水を加え、
   指をこすり合わせるようにして生地を細かくする。

5. ボウルに粉がほぼつかなくなるまでよく混ぜ、
   ひとまとめにする。
   ◎まとまりにくければ、水を足して調節する。

6. 生地を作業台においてめん棒で2〜3㎜厚さにのばす。
   パイ皿などの型に敷く場合は、
   型よりひとまわり大きく生地をのばす。
   ◎作業台がない場合はラップを敷いて作業をする。

7. 型にかぶせ、型と生地を指で押して密着させる。

8. 型のふちからはみ出た生地は、キッチンばさみなどで切り落とす。

9. 型から生地が浮き上がるのを防ぐために、
   フォークで生地に穴をあける。

*Memo*
多めにつくりたい場合は、レシピを倍量にしてつくることも可能です。
残った生地はクラッカーなど型を使わないレシピに使えるほか、
めん棒で5㎜厚さ程度にのばしてラップで包み、冷凍しても（約1カ月保存可）。
使うときは、室温にもどしてから使います。

# 02

## 練り込みパイ生地

◆ 材料〔でき上がり約350g分〕

粉類 ├ 薄力粉 ___ 140g
     └ 強力粉 ___ 40g

バター ___ 120g

塩 ___ 3g

砂糖 ___ 小さじ2

冷水 ___ 大さじ3

打ち粉 (薄力粉) ___ 適量

◆ つくり方

1. 下準備をする。バターは2cm角程度に切って冷蔵庫で冷やす。

2. ボウルに粉類を合わせてふるい入れ、
   塩、砂糖を加えて箸でざっと混ぜる。
   冷やしたバターを加え、カードで細かく切るように混ぜ込む。
   ◎カードがなければナイフやフォークなどで代用可。
   フードプロセッサーを使ってもOK。

3. バターが5mm粒程度の細かさになり、生地がそぼろ状になったら、
   まんなかをへこませて冷水を注ぐ。

4. カードで全体に大きく混ぜながら、生地をまとめていく。

5. 最後はボウルに粉がほぼつかなくなるまで手で混ぜ、
   ひとまとめにする。
   ◎この段階では多少粉っぽくてもOK。

6. 大きめのラップを十字に重ねて広げ、まんなかにまとめた生地を置く。

7. 生地の周りにゆとりをもたせて、
   15cm四方程度の大きさになるようラップでふんわり包む。

8. 上からめん棒で軽く押さえ、ラップの端まで生地を広げて形を整える。

9. ラップに包んだまま、冷蔵庫で30分〜1時間休ませる。

*Memo*

使うときにレシピの分量に生地を分け、
めん棒で2〜3mm厚さにのばして使います
(パイ皿などの型に敷く場合は、型よりひとまわり大きく生地をのばす)。
残った生地は、めん棒で5mm厚さ程度にのばしてラップで包み、
冷凍しておくと便利 (約1カ月保存可)。
使うときは、室温にもどしてから使います。

# 03

## 折り込みパイ生地

◆ 材料〔でき上がり約530g分〕

粉類
- 薄力粉 ___ 90g
- 強力粉 ___ 130g

バター ___ 200g

A
- 冷水 ___ 100㎖（½カップ）
- 白ワインビネガー（または米酢）___ 小さじ1
- 塩 ___ 4g

打ち粉（薄力粉）___ 適量

◎白ワインビネガーを加えることで生地ののびがよくなって折り込みやすくなり、
層が細かくなる。

◆ つくり方

1. 下準備をする。バターは2㎝角程度に切って冷蔵庫で冷やす。
   Aはよく混ぜ合わせる。
2. ボウルに粉類を合わせてふるい入れ、
   冷やしたバターを加え、カードで細かく切るように混ぜ込む。
   ◎カードがなければナイフやフォークなどで代用可。
3. バターが5㎜粒程度の細かさになり、生地がそぼろ状になればOK。
4. まんなかをへこませて、合わせたAを少しずつ加える。
5. そのつど、カードでよく切り混ぜる。
6. 粉に水分を浸透させながら、手でひとまとめにする。
   ◎この段階では生地はまだ粉っぽく、ようやくまとまる程度でOK。
7. 大きめのラップを十字に重ねて広げ、
   ボウルに残った粉も一緒にラップのまんなかに生地を置く。
   生地の周りにゆとりをもたせて、
   20×18㎝程度の大きさになるようラップでふんわり包む。
8. 上からめん棒で軽く押さえ、ラップの端まで生地を広げて形を整える。
9. ラップに包んだまま、冷蔵庫でひと晩休ませる。
   ◎夏場はバターが溶けやすいので、形を整える時間を省くために、
   手順7ではラップでぴっちり包み、そのまま冷蔵庫で休ませても。

10. 折り込み1回目。9の生地のラップをはずし、
　　 15×30cm×厚さ5mm程度になるようめん棒でのばす。

11. 3つ折りになるよう手前から向こう側にたたむ。

12. 次に向こう側から手前に向かってたたむ。
　　 これで3つ折りの完成。ラップで包み、冷蔵庫で1時間休ませる。

13. 折り込み2回目。11のラップをはずし、
　　 短い辺（わになっていない辺）が手前にくるように置く。

14. 15×30cm×厚さ5mm程度になるようめん棒でのばす。

15. 手順10・11同様、3つ折りになるように折りたたむ。
　　 ラップで包み、冷蔵庫で30分休ませる。

16. 折り込み3回目。15のラップをはずし、
　　 短い辺（わになっていない辺）が手前にくるように置く。

17. 15×30cm×厚さ5mm程度になるようめん棒でのばす。

18. 手順10・11同様、3つ折りになるように折りたたむ。
　　 ラップで包み、冷蔵庫で30分休ませる。
　　 ◎時間があればさらにもう1回折り込んで（折り込み4回目）、
　　 ラップで包み、冷蔵庫で30分休ませても。

*Memo*
使うときにレシピの分量に生地を分け、めん棒で2〜3mm厚さにのばして使います
（パイ皿などの型に敷く場合は、型よりひとまわり大きく生地をのばす）。
残った生地は、めん棒で5mm厚さ程度にのばしてラップで包み、
冷凍しておくと便利（約1カ月保存可）。
使うときは、冷蔵庫で解凍してから使います。

## *Yoko Wakayama*
### 若山曜子

料理・菓子研究家。東京外国語大学フランス語学科卒業後、パリへ留学。ル・コルドンブルーパリ、ユコール・フェランディを経て、フランス国家調理師資格（C.A.P）を取得。パリのパティスリーやレストランで研鑽を積み、帰国後は雑誌や書籍のほか、カフェや企業のレシピ開発、料理教室の主宰など幅広く活躍中。なかでも、旬の果物を使った見た目にも美しいお菓子レシピは、スパイスや木の実類など、素材同士の組み合わせの妙も存分に楽しめる。著書は『レモンのお菓子』（マイナビ出版）、『やさしいバナナのお菓子』（誠文堂新光社）、『フライパン煮込み』（主婦と生活社）、『台湾スイーツレシピブック』（立東舎）ほか多数。http://tavechao.com/

撮影／福尾美雪
スタイリング／池水陽子
デザイン／墻 美奈（ME&MIRACO）
企画・編集・文／若名佳世
校正／鳥光信子
撮影アシスタント／金田なお子
調理アシスタント／竹岸かおり、尾崎史江、細井美波
りんご協力／五光俊賀農園 阿部賀奈子
編集／荒井真紀

## りんごのお菓子

| 発行日 | 2019 年 10 月 20 日 　初版第 1 刷発行 |
| --- | --- |
| | 2021 年 9 月 30 日 　　　　第 3 刷発行 |

発行者　　久保田榮一
発行所　　株式会社 扶桑社
　　　　　〒 105-8070　東京都港区芝浦 1-1-1　浜松町ビルディング
　　　　　電話　03-6368-8808（編集）
　　　　　　　　03-6368-8891（郵便室）
　　　　　www.fusosha.co.jp
印刷・製本　大日本印刷株式会社